Horst-Oliver Buchholz

GESPLITTERTE ZEIT

Haiku und Haibun

Bibliografische Information der Deutschen Nationalbibliothek:

Die Deutsche Nationalbibliothek verzeichnet diese Publikation in der Deutschen Nationalbibliografie; detaillierte bibliografische Daten sind im Internet über http://dnb.dnb.de abrufbar.

Konzept und Gestaltung: Horst-Oliver Buchholz

Herstellung und Verlag: BoD – Books on Demand
Norderstedt
ISBN: 9-783749-452248

bist in der Welt nun

ohne Wollen in Allem

Haiku

Zum Geleit

Die Haiku und Haibun dieser Sammlung sind in den Jahren 2011 bis 2018 entstanden, oft auf Reisen. So sind auch das Unterwegssein, Abschiednehmen und Ankommen, immer wiederkehrende Motive, im konkreten wie im übertragenen Sinne. Darin spiegelt sich auch die Zeit wider, das Vergängliche. Werden, wachsen und vergehen. Wie auch das Neue, das jedem Ende inne ist, eine Keimzeit, angelegt schon im Verfall.

Die Zeit ist eine abstrakte Größe, wir versuchen ihr Ordnung zu geben, indem wir sie einteilen in Einheiten von Jahr bis Sekunde. Sie ist nicht als Ganzes erfahrbar, fragmentarisch nur, im einzelnen Moment – eine gesplitterte Zeit. Doch in den Splittern glimmt eine Erfahrung oft, ein Gedanke oder Emotion, eine Einsicht vielleicht, die erhellend ist und über ihren Ursprung hinausweist in etwas Größeres, etwas Allgemeineres. Das ist die Sekunde der Poesie. So entsteht sie.

So sind auch die Texte dieser Sammlung entstanden. Aus einem Augenblick zumeist, der geschaut wurde oder erfahren, dann geschrieben, Wort um Zeile, die weiterreichen mögen über den Moment hinaus – und in glücklichen Fällen bis hin zum Leser.

Im Übrigen genügen sie sich selbst.

Horst-Oliver Buchholz
Hanau-Kesselstadt, im April 2019

Tagesanbruch
ich öffne die Tür
gegen den Wind

Neujahrsnacht
ihre Hand umschließt
eine Orange

erster Januar

mein Blick zurück

in den Neuschnee

liegt viel Schnee draußen

wispert sie

ins Kerzenlicht

auf Zeitungen gebettet

der Mann und sein Hund

... was gibt´s Neues?

die Rolltreppe steht.
ins Dunkel hinab
tänzelt ein Kind

Reisezug
all die Orte
ohne Halt

das Elend am Bahnhof

... mein Schweigen

im Haar der Alten
ein paar Blütenblätter
verfangen

die Stille des Bettlers …
  kein Klimpern
in seinem Becher

Der Akkordeonspieler

Es ist noch dunkel, als ich morgens wie jeden Tag die Bahnunterführung passiere, die zu meinem Abfahrtgleis führt. Dort sitzt er wieder an gleicher Stelle, hingekauert auf einem Bündel - ein älterer Mann vor gefliester Wand. Eine Neonröhre flackert. Der Mann spielt Akkordeon, den Kopf leicht geneigt, nicht frei von Hingabe, sein Oberkörper wiegt sich vor und zurück, bald seitlich. Er in eine bunte Decke gehüllt, trägt Mutze und fingerlose Handschuhe. Zu seinen Füßen liegt ein Hund, der grau ist wie der Herr im Anzug, der vorübergeht. Ich höre eine Weise, die ich nicht kenne, nie hörte, sie ist fremdländisch, kommt wohl von weit. Ich höre die fremde Weise und weiß ... sie mich begleiten bis in die Nacht.

Abschied nehmen
Ankunft
der Stille

im Gourmetbuch
unser graues Brot
von früher

Rushour ...

meine Atempause

zwischen Jetzt und Hier

ohne Regung

die Kraft des Steins

in meiner Hand

Frühlingsmorgen ...
ich öffne die Tür
für einen Abschied

wider die Sonne

Regentropfen –

wieder die Sonne

wo einst die Mühle stand

heute der Wind

wie immer

Baumschule

ein Schmetterling

tanzt aus der Reihe

mächtige Eiche

deine stolze Krone

formt nur der Wind

Dem Ende zu

Es begann zu dämmern, und ein feiner Nieselregen setzte ein, als zwei Alte im Park noch immer Schach spielten. Mit ruhiger Hand, den Blick auf die 64 Felder gerichtet, taten sie Zug um Zug ohne ein Wort. Einer zog die Mütze tiefer ins Gesicht. Einem Schleier gleich wehte der Niesel um die beiden, sie achteten es nicht. Der Spielplatz gleich nebenan ist bunt und blieb kinderlos.

> auf der Wippe
> balancierend Herbstlaub -
> Totensonntag

finde kein Licht

in diesem Sonnenaufgang

... und morgen wieder

Schritt für Schritt

den Augenblick durchmessen …

angekommen

der Sonne

begegnen

am Abend

Der alte Baum

Der Birnbaum steht am Ende einer schmalen Gasse. Zwischen Fachwerkhäusern fällt nur wenig Sonnenlicht für kurze Zeit des Tages auf den Baum. Jetzt, im Herbst tief stehender Sonne, noch etwas fahler, einem Schleierglimmen gleich. Kaum eine Frucht trägt der Baum, im Frühjahr kaum eine Blüte, doch wie im Jahr zuvor die vielen Nester, die jetzt verlassen sind.

ihrer gedacht
irgendwo
fällt eine Tür zu

Hand in Hand

am Ufer ...

ein Schwan teilt den See

die Ruhe des Steins
der ins Wasser sinkend
seine Kreise zieht

Regen ...
ihre feuchte Wange
beim Abschied

die Stille der Nacht

größer

als der Tag es war

gebrochenes Glas ...
alles was blieb
vom Feste

unser Widerstreit

       am Morgen

nah beim Ausgang

im Rosengarten

ihr Duft

im Vorübergehn

Leselust

unser Begehren

zwischen den Zeilen

dort beim Gartentor

wo wir Abschied nahmen

lippenroter Mohn

Herbstblüte

3. November, ein Freitag. Zurück aus den Tagen am Meer, der Nordsee, die rau war und stürmisch der Wind, betrete ich meinen kleinen geschützten Garten. Der Rosenbusch, unter Regentropfen gebeugt und gelehnt an eine Wand jetzt, hat noch eine einzelne Blüte getrieben. Es muss wohl die letzte sein in diesem Jahr. Ich erfreue mich der Blüte kurz, die Dornen betrachte ich näher. Dann wende ich mich ab ins Haus, am Eingang entzünde ich ein Licht. Der Abend kommt, es ist kein Tee mehr zur Hand.

wie wenn der Herbst
jetzt früher fiele
als in Kindertagen

die Nacht

am Meer

noch tiefer

eine Möwe

schwebt in den Himmel ...

ohne Flügelschlag

Nebelwand ...

und weiß doch das Meer

dahinter

„verlassen“

in den Sand geschrieben

die Flut schon nahe

Zurück auf dem Spielplatz meiner Kindheit. Das Klettergerüst ist kleiner jetzt, etwas vom Lack fehlt. Hier standen wir und schworen, uns nie zu vergessen.

Vögel flattern auf
im Abschiednehmen
so viel Neues

hinterm Deich
geduckte Dächer –
ein Ziegel fehlt

meine Gedanken

wie die Vögel

im gleichen Winde

was blieb vom Tage

ist dies Leuchten

fern dem Horizont

ganz blau heute

die Äpfel -

Atelierbesuch

Vernissage
ihr Lippenrot
am leeren Sektkelch

Ohne ein Wort

Im Museum Thyssen-Bornemisza in Madrid vor dem gepunkteten Bild eines Pointelisten fallen mir rotlackierte Tupfen auf: die Zehennägel einer Frau, deren Füße in offenen Schuhen stecken. Dann, dass sie nahezu stets vor denselben Bildern länger verharrt wie auch ich, während sie an jenen vorübergeht, die auch mir keinen Halt geben. Ihr Blick ist ruhig, wenn er mich trifft. Der meine ist es auch. Dann verschwindet sie aus meinem Blickfeld und in den nächsten Saal. Ich sehe sie erst wieder, als sie das Museum verlässt. Durch den Ausgang fällt Licht jetzt.

der Bus fährt planmäßig ...
keiner steigt zu

Bildhauers Werkstatt

… Helena zu Füßen liegt

viel Stein zerschlagen

weite Kinderaugen –

in meiner Hand

Zwergorangen

eine Vogelstimme

mir unbekannt

durchkreuzt mein Schweigen

ich

und hinterm Nebel

Nebel

Sturmmond –
dein Licht in alle Welt
in aller Stille

nach dem Regen
das Rauschen der Rispen
die Ruhe der Sinne

wieder jene Stille

wie nur im Meeresrauschen

hörbar

schweigen am Meer
und alles Wollen
wieder im Winde

wie wenn in diesem Herbst

mehr Blätter fielen

als in Kindertagen

Straßenmusik
die flüchtigen Töne
tapsender Menschen

Starensemble

die klangvollen Namen

der Instrumente

Freunde der Nacht

Es ist spät geworden im Lokal, früher Morgen bald. Einer gluckst, trunken. Holt weit aus dann, den Freunden zuzuprosten mit großer Geste. Sieht nicht: sein Glas ist leer.

flackernde Werbung …
die Nacht gehört den Katzen

... damals als Kind
als ich auf alles noch
Antwort wusste

brichst auf

und öffnest meinen Blick

kleine Aster

9. November

Blatt um Blatt malt der Wind
meinen Garten aus

warst 100 Jahr alt

Eichenbaum ...

vom letzten Jahr die Säge

Erntedankaltar
die gebeugten Köpfe
der Kornblumen

blüht eine Aster jetzt

im alten Brotkorb

von Muttern

Jahresringe ...
der gefällte Baum
spricht mir vom Leben

Schatten überm Meer

die Vögel sind's

nicht die Wolken

wohin dies Licht?

das eben noch

      mich blendete

Neuschnee

... die eine Spur nur

bergan

Elternhaus
zu spät
fand ich den Weg zurück

leise fällt die Nacht ...

eine Katze duckt sich

sprungbereit

Eine Mauer im Dorf

Ein Zufall führt mich hierher zurück. Es ist das Dorf, in dem ich einige Kinderjahre lebte: Edelzell, nahe Fulda in Osthessen gelegen, früher Zonenrandgebiet. In der Dorfmitte liegen von der Geschichte gewürfelt drei Bauernhöfe. Der eine grenzt zur einzigen Straße, die aus dem Dorf hinausführt. Dort steht eine weiße Mauer. Sie ist nicht sehr hoch, aber zu hoch war sie für mich als Kind. Ich konnte nicht darüber schauen. Mehrmals versuchte ich, an ihr hochzuklettern, doch es misslang. Ich hatte immer über diese Mauer schauen wollen. Heute, so viele Jahre später, überblicke ich sie und sehe ich: es ist nichts dahinter.

frostig der Morgen ...
aus dürrem Geäst
winkt mir ein Zweig zu

zerbrochen

der Becher aus dem ich trank

als Kind

in meinem Garten

alles in Blüte

im Licht, im Schatten

Tagebuch
ein Blatt ließ Mutter
unbeschrieben

in Vaters Schuppen
stehngeblieben seine Uhr
und die Zeit

in den Rosenduft

legt ein Schattennetz

die Birke

wogender Weizen

dein Anblick mir heute

Nahrung genug

Kreuzfenster

etwas Abendlicht

dringt in mein Gebet

kraftlos

am Grabe der Freundin

der Wind

für Heike

Kirchgang

In der Rosenkranzkirche, einem neoromansi-
chen Sandsteinbau in diesem Kurort fernab, bin
ich vollkommen allein zu dieser Stunde am frühen
Abend, später September. Welcher Tag es ist, ich
weiß es nicht. Gedämpft ist jeder Laut, jedes Licht
bis auf eine neue Kerze vor dem Schrein „Maria
hilf", die anderntags noch nicht gestanden hatte
dort und deren Flamme hell ist und ruhig aufrecht
zeigt. Die Farben der Auferstehung, als Gemälde-
reihe halbrund in der Apsis gruppiert, sind alters-
fahl. Auch nach einer halben Stunde kein zweiter
Mensch hier und kein Gedanke, der diese Ruhe
erreicht. Nur draußen ein paar spielende Kinder.

die Gosse runter
das Herbstlaub
ein einziges Leuchten

bliebst auch heut Nacht

Raum für Ungesagtes

leeres Blatt Papier

junger Schilf am Fluss

zu klein noch

sich dem Wind zu beugen

der See
die Stille
der Tiefe

die Bogenbrücke

überspannt den Fluss und

das schlingernde Boot

gebrochenes Eis

das Mühlrad dreht sich wieder

Licht in den Schaufeln

im alten Tümpel

der Himmel in Falten -

ein Fisch schnappt nach Luft

nach langen Wegen

das verdorrte Flussbett

ein Blütenmeer

Frostige Stunde

Noch etwas Laub glänzt im Geäst, weit weni-
ger mit jedem Abend jetzt, den ich von der Arbeit
heimkehre. Ein klarer Tag heute. Ein blauer Tag,
dessen Ruhe nur der Wind durchweht. Ich schaue:
das   Blätterleuchten.   Das   Leuchten   derer,
die fallen.

Erntezeit
in kalten Händen
rote Äpfel

verdrängst ein Stück Welt

kleine Tasse

halbvoll grünen Tees

wird sie noch kommen

durch meine Türe

oder wirft sie zu der Wind

in meines Bruders Auge

ein Lächeln

das ich wiederkenn

die Rasenhalme

über die du mich verließt

stehn wieder aufrecht

auf meinem Papiere

heute kein Wort

nur die Sonne

zu Hause

in den Versen

des Fremden

erster Pinselstrich

mein Bild

       schon bei ihr

Dichterklause

bis hin zu ihr nur

der eine Vers noch

Am Abend

„Ihr seid das Licht der Welt", sprach Er. Ich lese die Worte. Der Tag heute war kalt, ein Novembertag. Die Sonne, die keine Wärme gab, sie strahlt letztes Licht des Tages durch den Apfelbaum im Garten, dessen Früchte eingebracht sind. Im Keller lagern Kartoffeln und Kohl. Dort ist es dunkel.

verlassene Nester ...
im Baum, im Haus
hohle Räume

der Tag geht

die Wärme gedehnt

bis ins Blaue

gebeugt vor der Ikone
die alte Griechin -
wie groß sie ist

schlaflos im Dunkel ...

vor meiner Tür

nichts als der Morgen

War ein Rosenbeet

Weiter hinten im Garten, von Hecken ge-schützt, liegt eine kleine Wiese jetzt ... mit wilden Blumen hingeweht vom Winde. Einst war dort ein Rosenbeet. Die Rosen blühten lange im Jahr und lange Jahre. Vater hatte angelegt das Beet vor nun schon 40 Jahren. Über das Gärtnern ist er alt geworden. So ebnete er das Beet ein und über-ließ es der Erde. Bald sprossen Gräser und wilde Blumen. Ich sehe Vaters müde Hände und in den Blüten emsige Bienen.

zurück im Haus
eine Mahlzeit bereiten
für andere

leerer Himmel
in den Schnee gefroren
Vogelspuren

die Ruhe nach dem Sturm

im Geäst verfangen

zwei Wolken

erster Januar

... den Neuschnee

durchkreuzen

Berlin

Mauerfall
Stein auf Stein
die Hoffnung

im Stelenfeld
spielende Kinder
und erste Risse

kurz vor zwölf
vom Mond allein erleuchtet
das Kanzleramt

im Unentwegten
angekommen
... nun doch

ins Tümpelidyll

der brüchige Steg

wie jeden Morgen

geerntetes Feld
in Furchen geschützt
nähren sich Spatzen

Der Schinken

Eine lange Weile hatten sie geschwiegen. Dann fragt der eine: „Sag mal, hast du eigentlich Probleme mit dem Älterwerden?" Der andere: „Ja, habe ich. Massive sogar. Aber die Probleme sind eher philosophischer Natur." „Hm?" „Ich meine: Je älter man wird, desto drängender stellt sich die Sinnfrage. Und je mehr Erfahrungen man macht, desto negativer die Antwort. – Wie ist denn eigentlich der Schinken?" „Der Schinken ist ausgezeichnet!" Beide greifen beherzt zu und kauen mit wohliger Miene.

Nachtfrost
vor der Tür ächzen Bäume
 - unter dem Wind?

vom Blütenstaub

die Fenster der Commerzbank

ganz blind

gehst ganz in dir selbst auf

Rosenblüte

verwaister Brotstand

Vögel picken Krumen

die der Wind dort ließ

übers Mahnmal

    ein Vogelschatten

... war´s eine Taube?

Metro di Madrid
im Schacht zerrisssne Lose
kein Mensch und ein Hund

Tiefe Blicke

Das Hotel Atlantico in Madrid an der Gran Vía 38 ist ein stolzer Bau, der sich einer Festung gleich über andere erhebt. Vom achten Stock blicke ich hinab in die Fassadenflucht und auf den sechsspurigen Boulevard. Ich blicke auf Autos und Menschen in gegenläufiger Strömung; an der defekten Ampel auch kreuzweise. Im Verkehrsfluss rudern Polizisten mit den Armen. Nur der Stein der alten Fassaden ruht. Und das Auge, sofern es den Himmel aufsucht.

Arc de Triomphe
die Menschen ganz oben
ganz klein

Aleppo ...

die Augen der Ruinen

und die der Kinder

keine Glocke mehr

im Turm der alten Kirche

... Kameras klicken

Heldenfriedhof.
die weißen Kreuze
und ihre Schatten

Kerzenlicht
etwas Rost flackert
am Taufstein

Karfreitag

entlang meines Weges

Osterglocken

Die Ufer der Stadt

Ein „Fluss-Lehrling", spottete der spanische Dichter Francisco de Quevedo. Tatsächlich fließt der Manzanares wenig majestätisch, flach und schmal, durch das königliche Madrid, zumeist unbeachtet von den Bewohnern der Stadt. Auch heute sehe ich nur ein paar Angler, alte Männer mit Zigarette, die reglos am Ufer stehen. Etwas abseits ein Madrilene mit Baskenmütze. Sie alle suchen Schutz vor der Sonne im Schatten der wenigen Bäume, die staubig sind. Der Tag ist heiß, zähfließend die Zeit, der Fluss wie stehend, trübe, grünem Glase gleich, das in Kies gebettet ist. Das spärliche Wasser trägt keine Boote, eine Handvoll Blätter nur. „So viele Brücken für so wenig Fluss", sagen die Madrilenen. Als ich ans andere Ufer will, finde ich keine.

Hundstage ...
durch die Stadt streichen
Schatten um Schatten

im Olivenbaum
nicht eine Frucht
und Vogelzwitschern

der Friedhof am Gleisbett

… Züge kommen und gehen

Blick aus dem Abteil

der fliehende Himmel

bleibt im Rahmen

zurück von der Reise
die unerforschten Orte
in mir

Heimkehr

an den Ort der Heimat

war

Gefunden

Spät abends, ich wollte schon zu Bett, finde ich bei Tolstoi den Satz: „Wenn du glücklich sein willst im Leben, dann sei es." Am Morgen hatte Neuschnee gelegen, noch ohne Spuren.

Danksagung

Ich danke meiner Frau Ulrike, deren lakonisch-klare Kritik manchen Text von dieser Sammlung fernhielt. Zu meinem Erstaunen erwies sich der Verzicht als Gewinn.

Horst-Oliver Buchholz

… geboren in Herford/Westfalen, lebt heute im Rhein Main-Gebiet. Studierte Sprach- und Literaturwissenschaft sowie Geschichte in Göttingen und Mainz. Ausbildung zum Redakteur. Schrieb für Tageszeitungen, Journale und Hörfunk. Seit 2003 im Bereich Kommunikation eines deutschen Industriekonzerns.

Mitglied der Deutschen Haiku-Gesellschaft. Veröffentlichungen in Anthologien, Kalendarien und Jahrbüchern.

Kontakt: buchholz.dhg@gmail.com